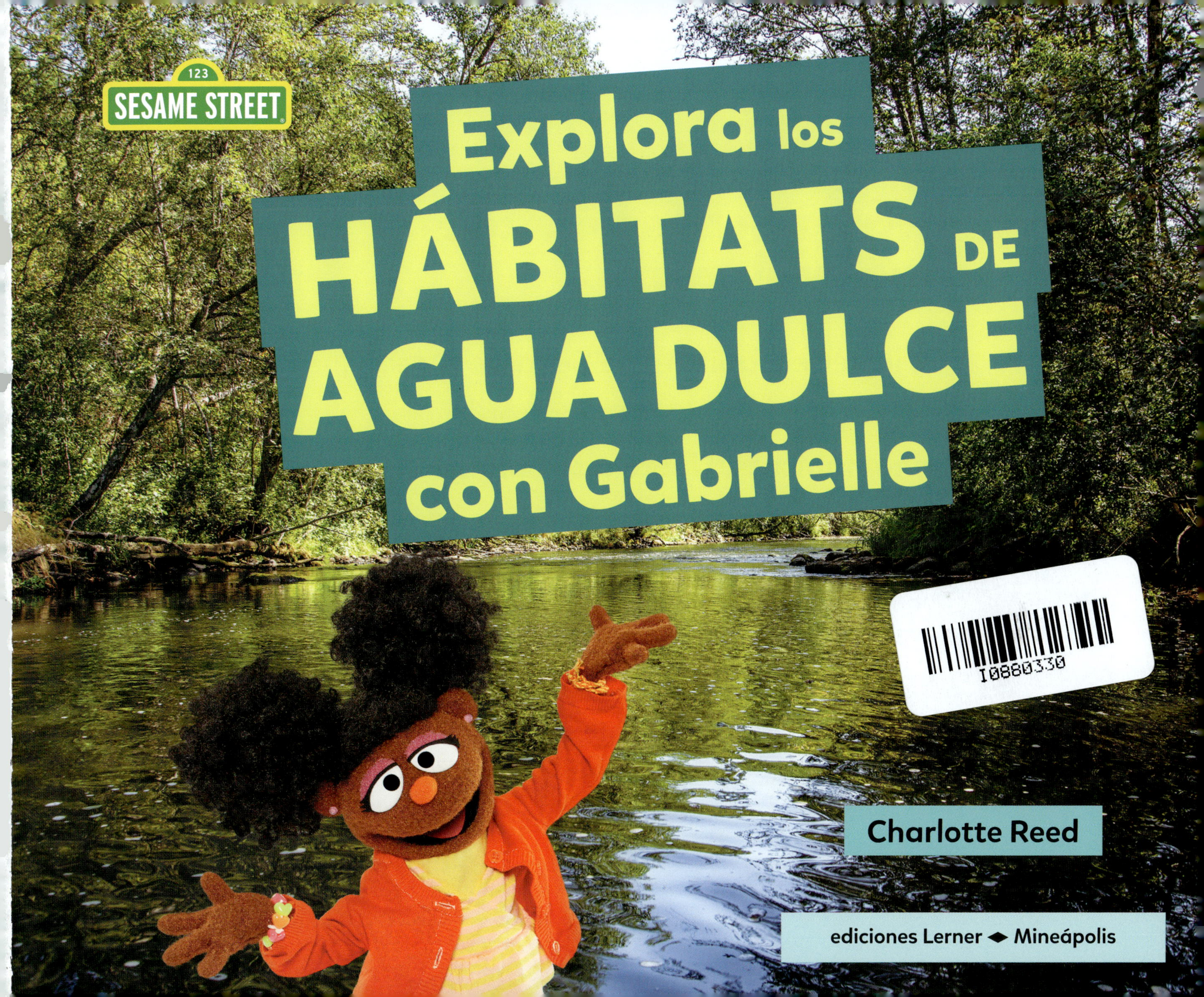

SESAME STREET

Explora los HÁBITATS DE AGUA DULCE con Gabrielle

Charlotte Reed

ediciones Lerner ◆ Mineápolis

¡Hay muchos hábitats que explorar!

En la serie Hábitats de Sesame Street®, los pequeños lectores recorrerán ocho hábitats. Únete a tus amigos de *Sesame Street* mientras aprenden sobre estos diferentes hábitats en los que los animales viven, duermen y encuentran agua y comida.

Saludos.
Los editores de Sesame Workshop

Contenido

¿QUÉ ES UN HÁBITAT?

¡Exploremos los hábitats! Un hábitat es un lugar donde hay animales que viven, duermen y encuentran agua y comida. Un hábitat de agua dulce es un tipo de hábitat.

Ríos, arroyos, lagunas, lagos y algunos pantanos son ejemplos de hábitats de agua dulce.

OBSERVEMOS LOS HÁBITATS DE AGUA DULCE

Los hábitats de agua dulce albergan muchos tipos diferentes de animales y plantas. Muchos peces viven en los hábitats de agua dulce.

¡Las tortugas también viven en hábitats de agua dulce!

Este bagre vive en el fondo de un río. Los bagres tienen barbilla alrededor de la boca. La barbilla le ayuda al bagre a oler y saborear la comida.

La barbilla se parece a los bigotes de los gatos. Por eso en inglés, a los bagres, se los llama catfish (pez gato).

Los caimanes viven en la superficie de algunos pantanos. Tienen la nariz en la parte superior de la cabeza, de modo que pueden respirar mientras nadan.

Los nenúfares crecen en lagos y lagunas. Tienen flores y hojas que flotan sobre la superficie del agua y la cubren.

¡A veces las ranas se sientan encima de una hoja de nenúfar!

Las totoras crecen en agua dulce. Sus raíces ayudan a mantener limpia el agua. ¡Algunas aves, como el mirlo, construyen los nidos en ellas!

Se llama nido al lugar en el que un ave pone sus huevos.

Los tritones viven en la tierra y en lagunas, arroyos y lagos. Tienen cuatro patas, que usan para caminar en la tierra, y una cola larga y plana para nadar en el agua.

Muchos patos viven en hábitats de agua dulce. Los patos tienen plumas a prueba de agua que les ayudan a mantener el calor en el agua, en la tierra y en el aire.

¡A Elmo le gusta acurrucarse con una frazada para mantener el calor!

En algunos hábitats de agua dulce hay paredes hechas con ramitas y barro, llamadas diques. Los castores construyen los diques.

Las nutrias viven mayormente en ríos, arroyos, lagos y lagunas. Sus viviendas se llaman madrigueras.

¡Mi hogar en
Sesame Street!

¡Los hábitats de agua dulce albergan a todos estos animales y plantas, y muchos más!

¿PUEDES ADIVINAR?

1. ¿Cuál de estas imágenes es de un hábitat de agua dulce?

2. ¿Cuál de estos animales vive en un hábitat de agua dulce?

A

B

Glosario

barbilla: parte del pez que se parece a los bigotes de los gatos

dique: una estructura con forma de pared que contiene el agua

hábitat: un lugar en el que los animales viven y pueden encontrar agua, comida y un lugar para dormir

raíces: parte de las plantas que normalmente está bajo tierra

¿Puedes adivinar? Respuestas

1. A
2. B

Otros títulos

Andrus, Aubre. *In the Pond*. Washington, DC: National Geographic Kids, 2022.

Nargi, Lela. *Freshwater Biomes*. Mineápolis: Jump!, 2023.

Reed, Charlotte. *Explora los hábitats de la selva tropical con Abby*. Mineápolis: ediciones Lerner, 2026.

Créditos por las fotografías

Martins Vanags/Getty Images, p. 1; skibreck/Getty Images, p. 5; MilanMaksovic/Getty Images, p. 6; Elenakirey/Getty Images, p. 9; mirecca/Getty Images, p. 10; Vladimir Wrangel/Shutterstock, p. 11; Mark Newman/Getty Images, p. 13; Sjo/Getty Images, p. 15; kj2011/Getty Images, p. 15 (rana); Peter Blottman Photography/Getty Images, p. 17 (mirlo); malven57/Getty Images, p. 17 (totoras); CreativeNature_nl/Getty Images, p. 18; Douglas Rissing/Getty Images, p. 19; taviphoto/Getty Images, p. 20; DeniseBush/Getty Images, p. 22; Jillian Cooper/Getty Images, p. 22 (castor); kavunchik/Getty Images, p. 24; Hogo/Getty Images, p. 25; Wirestock/Getty Images, p. 26 (mirlo); SERHII LUZHEVSKYI/Getty Images, p. 26 (patos); Robitaille/Getty Images, p. 26-27 (tortuga); BrianLasenby/Getty Images, p. 27 (nutrias); George Dodd/Getty Images, p. 28 (izquierda); Brett Monroe Garner/Getty Images, p. 28 (derecha); Christina Radcliffe/Getty Images, p. 29 (castor); twildlife/Getty Images, p. 29 (cabra montesa).
Portada: Jillian Cooper/Getty Images, (castor); Gabberr/Getty Images, (rana); Fyletto/Getty Images, (laguna); Nat Photos/Getty Images, (nenúfares).

Índice

Dedicado a la niñita a quien le encantaban los animales y escribir historias. ¡Míranos ahora!

ediciones Lerner
Una división de Lerner Publishing Group, Inc.
241 First Avenue North
Mineápolis, MN 55401, EE. UU.

Si desea averiguar acerca de niveles de lectura y para obtener más información, favor consultar este título en www.lernerbooks.com.

Fuente del texto del cuerpo principal: Mikado 24/41. Fuente proporcionada por HVD.

Library of Congress Cataloging-in-Publication Data

Names: Reed, Charlotte, 1997-author | Zab Translation Solutions translator
Title: Explora los hábitats de agua dulce con Gabrielle / Charlotte Reed ; [la traducción al español fue realizada por Zab Translation].
Other titles: Explore freshwater habitats with Gabrielle. Spanish
Description: Mineápolis : ediciones Lerner, [2026] | Series: Hábitats de Sesame Street | Includes bibliographical references and index. | Audience: Ages 4–8 | Audience: Grades K–1 | Summary: “Rivers, creeks, ponds, swamps, and lakes are all freshwater habitats. Join Gabrielle and her Sesame Street friends as they explore the plants and animals of freshwater habitats. Now in Spanish!”—Provided by publisher.
Identifiers: LCCN 2025015852 (print) | LCCN 2025015853 (ebook) | ISBN 9798765690277 library binding | ISBN 9798348028299 paperback | ISBN 9798765692448 epub
Subjects: LCSH: Freshwater animals—Habitations—Juvenile literature | Freshwater ecology—Juvenile literature
Classification: LCC QL141 .R43518 2026 (print) | LCC QL141 (ebook) | DDC 591.76—dc23/eng/20250805

Fabricado en los Estados Unidos de América
1-1012591-54898-5/22/2025